Franziska Rascher

Der elektronische Personalausweis

Auswirkungen auf das Identitätsmanagement

Franziska Rascher

Der elektronische Personalausweis

Auswirkungen auf das Identitätsmanagement

GRIN Verlag

Bibliografische Information der Deutschen Nationalbibliothek: Die Deutsche Bibliothek
verzeichnet diese Publikation in der Deutschen Nationalbibliografie; detaillierte bibliografische Daten sind im Internet über http://dnb.d-nb.de/ abrufbar.

1. Auflage 2010
Copyright © 2010 GRIN Verlag
http://www.grin.com/
Druck und Bindung: Books on Demand GmbH, Norderstedt Germany
ISBN 978-3-640-80937-0

GEORG-AUGUST-UNIVERSITÄT GÖTTINGEN

INSTITUT FÜR WIRTSCHAFTSINFORMATIK

PROFESSUR FÜR ANWENDUNGSSYSTEME UND E-BUSINESS

HAUSARBEITENSEMINAR WIRTSCHAFTSINFORMATIK

IM RAHMEN DES PROPÄDEUTIKUMS

WISSENSCHAFTLICHES ARBEITEN

Der elektronische Personalausweis –

Auswirkungen auf das Identitätsmanagement

Franziska Rascher

Studiengang Information Systems

Inhaltsverzeichnis

Abkürzungsverzeichnis

B2B ....Business-To-Business
B2G ....Business-To-Government
B2C ....Business-To-Consumer
C2C ....Consumer-To-Consumer
BMI ....Bundesministerium des Innern
BSI ....Bundesamt für Sicherheit
EC Karte..Electronic Cash Karte
eCommerce......................................electronic Commerce
eGovernment...................................electronic Government
eIDs..elektronische Identifikatoren
ELSTER ....elektronische Lohnsteuer
epA ....elektronischer Personalausweis
IDM...Identitätsmanagement
ITAS ....Institut für Technologiefolgenabschätzung
und Systemanalyse
PersAuswG ....Personalausweisgesetz
PIN ....Persönliche Identifikationsnummer
RFID..Radio-Frequency Identification
SigG ....Signaturgesetz
TAN...Transaktionsnummer

Abbildungsverzeichnis

1. Einleitung und Aufbau der Arbeit

Das Bundeskabinett hat am 23. Juli 2008 dem Entwurf des Gesetzes über Personalausweise und den elektronischen Identitätsnachweis zugestimmt. (vgl. BMI 2009a)

Der neue elektronische Personalausweis (ePA) wird seit dem 1. November 2010 in Deutschland ausgegeben. Sein Inhaber kann sich damit eindeutig und sicher im Internet authentifizieren, um Onlineangebote von Behörden im Rahmen von eGovernment und privaten Unternehmen im Rahmen von eCommerce zu nutzen. (vgl. Zeit Online 2010a)

Mit dem Wandel des klassischen Identitätsdokuments zu einem multifunktionalen Ausweisdokument ist diesem der Weg in das Internetzeitalter geöffnet. Doch was steckt genau hinter dem Begriff „elektronischer Personalausweis"? Handelt es sich um eine Technik, die zukünftig unser Leben in der digitalen Welt erleichtern wird? Oder entstehen dadurch heute nicht absehbare Risiken für unsere Privatsphäre, weil durch den ePA eine direkte Verbindung zwischen unserer digitalen und unserer tatsächlichen Identität entsteht?

Die folgende Arbeit untersucht Auswirkungen des ePA auf das Identitätsmanagement. Dazu beschreibt Kapitel 2 relevante Begriffe und gesetzliche Rahmenbedingungen. Kapitel 3 stellt Anforderungen an den ePA in Verbindung mit dem Identitätsmanagement sowie ausgewählte Lösungsansätze dar. Am Beispiel des Onlinewebshops wird in Kapitel 4 eine mögliche Anwendung des neuen Personalausweises in der Praxis aufgezeigt. Der Schwerpunkt der Betrachtung liegt dabei auf der gegenseitigen Authentifizierung. Kapitel 5 stellt Grenzen und Potentiale des ePA in Verbindung mit Identitätsmanagement dar. Kapitel 6 fasst die Ergebnisse der Arbeit zusammen und schließt mit einem Fazit ab.

2. Erläuterung grundlegender Begriffe

2.1 Identitätsmanagement

Identitätsmanagement (IDM) im Sinne von Identitätsverwaltung findet ohne die Unterstützung von Computern durch die Ausgestaltung unserer Rollen im täglichen Leben statt. Ein Mensch kann mehrere Identitäten haben: Student, Angestellter, Vater, Vorgesetzter. Menschen geben sich je nach Situation anders, verraten nicht jedem gleich viel über sich und verwalten damit ihre Identität.

Im Folgenden werden Komponenten näher beschrieben, die erforderlich sind, um IDM in Verbindung mit eIDs (elektronische Identifikatoren) betreiben zu können. (vgl. Sorge et al. 2008 S. 337ff) Ausgangspunkt der Betrachtung ist der Nutzer, der durch eine Menge von Attributen beschrieben werden kann. Das können z.B. Name, Geburtsdatum und Haarfarbe aber auch Vorlieben und Gewohnheiten sein. Teilmengen dieser Attribute bilden eine partielle Identität. Diese kann durch Pseudonyme identifiziert werden. Die vollständige Vereinigung dieser Attribute bildet die vollständige Identität.

Angenommen, der Inhaber eines ePA - als Beispiel für eine eID-Lösung – möchte sich gegenüber einem Dritten – also einem Dienstanbieter – identifizieren, dazu aber nicht mehr Attribute preisgeben als erforderlich: Die dazu erforderliche Verwaltung von Pseudonymen und partiellen Identitäten heißt IDM. Jugendschutzsysteme benötigen zum Beispiel nur das Attribut „Alter" bzw. die Information, ob ein Nutzer über 18 Jahre alt ist oder nicht.

Der Chip des ePA wird von einem Lesegerät ausgelesen. Das setzt voraus, dass das Lesegerät an einen Rechner angeschlossen ist, der unter der Kontrolle des Nutzers sein kann – aber nicht muss. Chip, Lesegerät und Rechner bilden damit die Anwenderseite. Über ein Rechnernetz, wie z.B. das Internet, wird eine Verbindung zu weiteren Komponenten hergestellt. Als derzeit gängige Anwendung des IDMs ist das Single Sign On zu nennen. Der Nutzer identifiziert sich dabei einmalig und kann dann verschiedene Dienste nutzen.

2.2 Elektronische Identifikatoren (eIDs)

Unter eIDs werden Lösungen verstanden, die die „Identität einer natürlichen oder juristischen Person beim Zugang zu elektronischen Diensten garantieren und das Vertrauen der an einer elektronischen Transaktion beteiligten Personen herstellen." (Meints et al. 2006, S. 560ff)

Wurden bisher im Internet vor allem Lösungen geschafften, die auf Wissen basierten – gemeint ist hier die Authentifizierung mit Username und Passwort -, „lässt sich in der Regel ein höheres Sicherheitsniveau und eine stärkere Bindung an eine Person durch die zusätzliche Überprüfung von Besitz erreichen." (Sorge et al. 2008, S. 337ff)

Chipkarten sind zum Beispiel ein geeignetes Mittel dafür. Das trifft auch auf elektronische Ausweise wie den ePA zu, der einen RFID (Radio-Frequency Identification) Chip enthält und im Folgenden genauer vorgestellt wird.

Abb.: 2-1 Der Aufbau des elektronischen Personalausweises (vgl. BSI 2010a)

2.3 Der elektronische Personalausweis

2.3.1 Aufbau und Daten

Seit 1. November 2010 wird in Deutschland der neue ePA an die Bürger vergeben. Das moderne Identifikationsdokument löst damit den bisherigen Personalausweis ab. Der alte Ausweis behält bis zum jeweiligen Ablaufdatum seine Gültigkeit. Ein vorzeitiger Wechsel zum neuen Personalausweis ist jederzeit möglich. (vgl. Schmeh 2009, S. 140) Der elektronische Ausweis ist genau wie der bisherige Ausweis zehn Jahre gültig. Für Personen unter 24 Jahren beträgt die Gültigkeitsdauer sechs Jahre. (vgl. PersAuswG 2009, S.1349).

Abbildung 2-1 zeigt ein Muster des neuen Ausweises. Verändert hat sich bei dem neuen Ausweis optisch zunächst einmal die Größe: Das neue Ausweisdokument wird in Scheckkartenformat ID-1 ausgeliefert.

Im Inneren des Ausweises ist ein kontaktloser RFID-Chip untergebracht, auf dem Informationen über die Identität des Inhabers gespeichert sind. (vgl. Fraunhofer 2009) Auf dem Chip des Ausweises befinden sich Daten zum Familienname, Geburtsname, Vorname(n), Doktorgrad, Geburtstag, Geburtsort, Lichtbild, Anschrift, Staatsangehörigkeit, Seriennummer, Ordensname und Künstlername. Die Daten auf dem Chip können elektronisch abgefragt werden. Das ist im § 18 des Personalausweisgesetzes (PersAuswG) geregelt.

Der Zugriff auf Daten, die auf dem elektronischen Personalausweis gespeichert sind, ist davon abhängig, welche Datenfelder der Ausweisinhaber für den Anbieter freigibt und für welche Datenfelder der Anbieter berechtigt ist. In den Zertifikaten des Dienstanbieters ist festgelegt, welche Daten dieser abfragen darf. (vgl. BSI 2010b)

2.3.2 Anwendungsbereiche

Bei dem elektronischen Personalausweis handelt es sich um einen chipkartenbasierten eID mit potentiell weiter Verbreitung. (vgl. Sorge et al. 2008, S. 337ff) Neben der Nutzung als herkömmlicher Ausweis gibt es beim ePA drei neue elektronische Funktionen: Biometriegestützter hoheitlicher Identitätsnachweis als Reisedokumentfunktion, die qualifizierte elektronische Signatur und den elektronischen Identitätsnachweis für die Nutzung als Internetausweis. (vgl. Schmeh 2009, S. 141ff) Diese Bereiche werden im Folgenden näher erläutert.

Reisedokumentfunktion

Der ePA verfügt über eine Reisedokumentfunktion. Er ist für Reisen im Schengenraum als Passersatzdokument anerkannt. In §1 PersAuswG wird zudem die Aufnahme biometrischer Merkmale in den Personalausweis zugelassen. Als biometrische Daten werden aktuell auf dem integrierten Chip des elektronischen Personalausweises ein digitales Gesichtsbild und optional die Fingerabdrücke der beiden Zeigefinger gespeichert. Das digitale Lichtbild wird bei der Ausweiserstellung mit angefertigt und auf dem Chip gespeichert. Die Fingerabdrücke können ebenfalls direkt bei der Beantragung des Ausweises in der Meldebehörde mit einem speziellen Fingerabdruck-Scanner abgenommen werden. Dabei werden von jedem Finger drei Aufnahmen gemacht. Die jeweils beste Aufnahme jedes Fingers wird auf dem Chip des Ausweises gespeichert. (vgl. BSI 2010f)
Damit können die auf dem Chip hinterlegten Daten maschinell überprüft werden. Missbrauch und Identitätsdiebstahl wird entgegengewirkt, denn die auf dem Chip hinterlegten biometrischen Merkmale ermöglichen eine „bessere Zuordnung zwischen Ausweisinhaber und Dokument" (Engel 2006). Die biometrischen Daten können nur von zur Identitätsfeststellung Berechtigten wie Grenz- und Polizeibehörden ausgelesen werden, um diese z.B. mit einem vorliegenden Bild abgleichen zu können. (vgl. BSI 2010c)

Signaturfunktion

Der Ausweis kann mit einem elektronischen Signaturzertifikat beladen werden. Damit können qualifizierte digitale Signaturen erstellt werden, die gemäß Signaturgesetz als vollständiger Ersatz für die eigenhändige Unterschrift gelten. Diese Signaturfunktion ist derzeit optional und kann auf Wunsch des Ausweisinhabers frei geschaltet werden. Der ePA ist so ausgelegt, dass ein qualifiziertes elektronisches Signaturzertifikat nachträglich aufgebracht werden kann und der elektronische Personalausweis damit auch nachträglich als Signaturkarte genutzt werden kann.

Bei den qualifizierten elektronischen Signaturen handelt es sich um eine Art digitale Unterschrift, mit der verbindlich nachgewiesen werden kann, dass eine Datei unverfälscht ist und von der in der Signatur angegebenen Person unterschrieben wurde. Derart signierte Texte erfüllen die gesetzlich erforderliche Schriftform von Dokumenten und ermöglichen damit z. B. den Abschluss rechtgültiger Verträgen oder die Abgabe einer Steuererklärung ohne Postkontakt im Rahmen von ELSTER. (vgl. BSI 2010c) Um die Unterschriftsfunktion nutzen zu können, muss der Anwender von einem der zugelassenen Signaturanbieter ein Signaturzertifikat erwerben und auf den Ausweis laden. Zudem bekommt er im Rahmen der Beantragung des Ausweises eine separate Signatur-PIN, wenn er angibt, dass er diese Funktion zukünftig mitnutzen möchte. Die Funktion kann nachträglich beantragt werden.(vgl. Spiegel Online)

Der Personalausweisinhaber wird nicht gezwungen, den ePA für Anwendungen, die eine elektronische Signatur erfordern, zu nutzen. Bürger können frei wählen, mit welcher Signaturkarte sie ihre elektronische Unterschrift leisten. Dies kann mit dem ePA geschehen oder mit einer anderen am Markt erhältlichen Signaturkarte. (vgl. Engel 2006)

Elektronischer Identitätsausweis

Der ePA kann als Ausweis im Internet verwendet werden, z. B. im Bereich eGovernment oder im Bereich eCommerce. Möglich wird dies durch seinen integrierten Chip, auf dem Identitätsdaten gespeichert sind, die von Dienstanbietern die über das entsprechende Zertifikat verfügen, abgefragt werden können. (vgl. BSI 2010c)

Der Begriff eGovernment steht dabei im Rahmen dieser Arbeit für die Vereinfachung der Abwicklung von Informations-, Kommunikations- und Transaktionsprozessen zur Erbringung einer Verwaltungsdienstleistung durch

den Einsatz von Informations- und Kommunikationstechnologien innerhalb und zwischen Behörden sowie zwischen Behörden und Privatpersonen bzw. Unternehmen (vgl. Becker et al, 2003, S. 860). Zukünftig kann man sich mit seinem epa direkt über das Internet authentisieren, um auf Dienstleistungen von Behörden zuzugreifen. Authentifizierung meint dabei den Nachweis, dass dem Nutzer, mit dem ein Dienstanbieter kommunizieren will, eine bestimmte Identität zugeordnet ist. (vgl. Sorge et al. 2008, S. 337ff)

Unter eCommerce wird im Rahmen dieser Arbeit ein Handelsgeschäft verstanden, das auf öffentlich zugänglichen Märkten und über ein interaktives elektronisches Medium, wie z. B. dem Internet abgeschlossen wird. Der elektronische Handel ist damit ein Bestandteil des E-Business, was so viel heißt wie elektronischer Geschäftsverkehr. Der elektronische Handel grenzt sich von Formen des Fernhandels ab, bei denen die zum Einsatz kommenden Medien nicht interaktiv sind, wie dies z. B. beim "TV-Shopping" der Fall ist. eCommerce findet zwischen Unternehmen (B2B), zwischen Unternehmen und der öffentlichen Hand (B2G), zwischen Unternehmen und Privathaushalten (B2C) und zwischen Privathaushalten (C2C) statt. (vgl. ITAS 2003)

Zugriffsrechte auf die auf dem Chip des epa abgelegten Daten sind für jeden Datensatz einzeln festlegbar. Dienstanbieter, die darauf zugreifen wollen, müssen sich mit einem digitalen Zertifikat authentifizieren, um auf bestimmte Daten zugreifen zu dürfen. (vgl. Schmeh 2009, S. 142) Bevor eine solche für einen bestimmten Zeitraum gültige Berechtigung vergeben wird, erfolgt eine staatliche Prüfung, welche Daten der Dienstanbieter für seine Zwecke unbedingt benötigt, und ob er vertrauenswürdig ist. Um sicherzustellen, dass auch tatsächliche der Ausweisinhaber die Daten überträgt, erhält der Nutzer eine geheime PIN, die immer vor der Übermittlung der Daten einzugeben ist. (vgl. BSI 2010c) Mit diesem Vorgehen wird zum einen sichergestellt, dass der Dienstanbieter vertrauenswürdig ist, zum anderen aber auch, dass der Ausweisinhaber durch die Eingabe der individuellen PIN seine Daten bewusst und aktiv freigibt.

Die Identitätsfunktion umfasst folgende drei Zusatzfunktionen. (vgl. Schmeh 2009, S. 143):

Kinder- und Jugendschutz

Um zu verhindern, dass Kinder und Jugendliche Internetseiten besuchen, die nicht für ihr Alter freigegeben sind, erfolgt eine Abfrage, ob der Inhaber vor einem bestimmten Datum geboren ist. Wird der gewünschte Altersnachweis nicht erbracht, kann auf die Seiten nicht zugegriffen werden. Bei der Abfrage wird jedoch nicht das Geburtsdatum übertragen sondern nur die Information, ob er ein bestimmtes Alter überschritten hat. Der Ausweisinhaber muss die Übertragung der Daten zudem mit einer PIN freigeben.

Gültigkeitsabfrage

Im Rahmen dieser Funktion wird abgefragt, ob der elektronische Personalausweis zu einem bestimmten Zeitpunkt gültig ist. Wird der gewünschte Nachweis nicht erbracht, kann nicht auf die entsprechenden Internet-Seiten zugegriffen werden. Die Übertragung dieser Daten muss ebenfalls durch die Eingabe einer PIN freigegeben werden.

Pseudonymfunktion

Laut Bundesdatenschutzgesetzt bedeutet Pseudonymisierung, dass der Name und andere Identifikationsmerkmale durch ein Kennzeichen ersetzt werden, mit dem Ziel, die Bestimmung des Betroffenen auszuschließen oder wesentlich zu erschweren. Der ePA kombiniert zwei Konzepte, um die Forderung nach Pseudonymisierung zu erfüllen. Zum einen ist dies die anbieterspezifische, zufällige Kennung. Diese wird in dem Berechtigungszertifikat für den Dienstanbieter abgelegt. Zum anderen ist es die Anwendung Restricted Identification, die auf dem ePA implementiert ist. Beide Konzepte werden bei der Authentifizierung eines ePA-Inhabers mittels Pseudonym kombiniert, was in Abbildung 2-2 veranschaulicht ist.

Mit Hilfe der Restricted Identification Anwendung wird aus einem personalausweisindividuellem, geheimen Schlüssel und der Kennung des Dienstanbieters ein anbieterspezifisches Kennzeichen berechnet, das als Pseudonym an den Dienstanbieter übermittelt wird. Verschiedene Dienstanbieter besitzen verschiedene Kennnummern. Damit ist sichergestellt, dass stets unterschiedliche Pseudonyme berechnet werden. Auf diese Weise

wird verhindert, dass dienstanbieterübergreifende Nutzerprofile erstellt werden können. Mit Hilfe der anbieterspezifischen Nutzerkennung können Dienstanbieter einen Nutzer wieder erkennen. Die Restricted Identification Funktion des epA erlaubt es also einem Dienstanbieter, einen Personalausweis eindeutig wiederzuerkennen, ohne dass Ausweisdaten oder Daten über den Ausweisbesitzer gespeichert werden müssen. (vgl. Eckert, S. 576f)

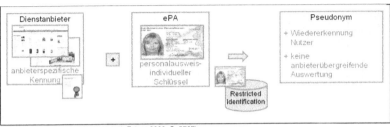

Abb. 2-2: Die Pseudonymfunktion (vgl. Eckert 2009, S. 576ff)

2.4 Gesetzliche Rahmenbedingungen

Die Regelungen für den epA sind im Gesetz über Personalausweise und den elektronischen Identitätsnachweis geregelt. Neben allgemeinen Richtlinien wie die grundsätzliche Ausweispflicht oder die Gültigkeitsdauer sind darin auch die Verwendung personenbezogener Daten im Rahmen des elektronischen Identitätsnachweises sowie die Grundsätze für die Erteilung und Aufhebung von Berechtigungszertifikaten definiert. (vgl. PersAuswG 2009).

Im Signaturgesetz wird festgelegt, dass die qualifizierte elektronische Signatur als Ersatz für die persönliche Unterschrift verwendet werden kann. Zudem werden Anforderungen an Zertifizierungsdienstanbieter und Voraussetzungen für ein qualifiziertes Zertifikat festgeschrieben. (vgl. SigG 2009).

3. Anforderungen und Lösungen an den epA in Verbindung mit dem IDM

3.1 Ausgewählte Anforderungen

Wichtige Anforderungen, die im Zusammenhang mit dem IDM an einen epA zu stellen sind, umfassen die Kontrolle über preiszugebende Daten durch den Nutzer sowie die Sicherheit seiner Identitätsdaten und die Möglichkeit der Bildung von Pseudonymen. Diese Anforderungen werden im Folgenden weiter detailliert (vgl. Sorge et al. 2008, S. 337ff)

3.1.1 Sicherheit

Zu den Schutzzielen des epA gehören die Authentizität und die Zugriffskontrolle. Authentizität bedeutet dabei, dass der Online-Dienstanbieter in der Lage sein muss zu überprüfen, ob der Nutzer des epA auch der Berechtigte Inhaber des Ausweises ist. Zugriffsgriffskontrolle meint im Rahmen dieser Arbeit, dass der Inhaber des epA die Kontrolle darüber haben muss, welche Anbieter auf welche Daten auf seinem Ausweis zugreifen dürfen. (vgl. Eckert 2009, S. 569f)

3.1.2 Keine Erstellung anbieterübergreifender Nutzerprofile

Die Erstellung von Nutzerprofilen wird für einen Anbieter vereinfacht, wenn ein eindeutiger Schlüssel, wie z.B. eine Personenkennzahl bei Authentifizierungsvorgängen übermittelt wird. Wird für die Zwecke eines einzelnen Geschäftspartners oder einer Behörde ein solcher Identifikator benötigt, muss gleichzeitig sichergestellt sein, dass alle anderen Anbieter darauf keinen Zugriff haben, so dass keine anbieterübergreifenden Nutzerprofile erstellt werden können. (vgl. Eckert, S. 576f und Kapitel 2.3.2 Anwendungsbereiche, Pseudonymfunktion)

3.1.3 Beweisbarkeit einzelner Attribute

Einzelne Attribute einer Person sollten sich beweisen lassen, ohne dass im konkreten Fall nicht benötigte Attribute preisgegeben werden müssen. Dazu gehören zum Beispiel Alter oder Staatsangehörigkeit. (vgl Sorge et al. 2008, S. 337ff)

3.1.4 Transparenz der Identitäten

Der Nutzer muss klar erkennen, welche Attribute seinem Gegenüber bei einer Authentifizierung vermittelt werden. (vgl. Sorge et al. 2008, S. 337ff)

3.1.5 Standardisierung

Standardisierung erhöht die Akzeptanz von Authentifizierungsmechanismen, wie sie durch den epA erfolgen. Deshalb sollte z.B. eine Interoperabilität der elektronischen Ausweise verschiedener Anwendungen angestrebt werden, um die Wahrscheinlichkeit zu erhöhen, dass dafür standardisierte Anwendungen entwickelt werden. (vgl. Polster 2009)

3.1.6 Transparenz der Anwendung

Der Nutzer muss wissen, ob er einen Vertrag signiert oder sich nur an einem Webservice anmeldet. Die Onlineanwendungen sind deshalb klar strukturiert,

transparent und für den Endanwender klar nachvollziehbar zu gestalten. (vgl. Sorge et al. 2008, S. 337ff)

3.1.7 Nutzerfreundlichkeit

Die ePAs werden nicht zu einer Verbreitung der elektronischen Signatur und Anwendung der elektronischen Identität für eCommerce und eGovernment führen, wenn ihre Besitzer sie aufgrund umständlicher Prozesse dafür nicht einsetzen. Gemeint sind im Rahmen dieser Arbeit die unmittelbare Bedienung der erforderlichen Software und Chipkartenlesegeräte.

3.2 Ausgewählte Lösungsansätze

3.2.1 Sicherheit

Grundlegende Sicherheitsmechanismen

Der ePA gilt grundlegend als sicher. Der integrierte Prozessorchip hat nur eine kurze Reichweite und verfügt über eine starke Transportverschlüsselung. Im Chip selbst sind starke kryptografische Verfahren, die vom Bundesamt für Sicherheit (BSI) geprüft wurden, integriert. Es gibt abgeschottete Chipbereiche für biometrische Daten und den elektronischen Identitätsnachweis. Ein Auslesen der Daten ohne Berechtigungszertifikat ist nicht möglich. Die Algorithmen zur Verschlüsselung sind updatefähig. (vgl. Polster 2009)

Auf dem ePA sind weitere Mechanismen zur Erreichung der Schutzziele Authentizität und Zugriffskontrolle vorhanden. Diese werden im Folgenden näher beschrieben.

Sichere Authentifizierung durch biometrische Verfahren

Biometrische Verfahren schützen vor Missbrauch von Identitätsdokumenten und verbessern die Qualität in der Personenidentifikation. (vgl. Engel 2009)

Sichere Authentifizierung durch Kombination Ausweis und PIN

Im Rahmen des elektronischen Identitätsnachweises erfolgt die Authentifizierung des Nutzers durch Besitz des ePA und Eingabe der PIN. Diese Kombination soll Identitätsdiebstahl im Internet verhindern, da eine Chipkarte rein physisch nicht über das Internet gestohlen werden kann. Bei sogenannten PIN/TAN Verfahren, wie z.B. beim Onlinebanking, könnten Kontozugangsdaten ausgespäht werden, da diese nur auf Wissen beruhen. Wer die Kontonummer,

die PIN und die TAN kennt, könnte Überweisungen unter fremder Identität vornehmen. (vgl. Engel 2009)

Abb. 3-1: Ablauf der gegenseitigen Authentifizierung

Zugriffskontrolle im Rahmen der gegenseitigen Authentifizierung

Durch eine gegenseitige Identifizierung wird sichergestellt, dass man es mit dem richtigen Gegenüber zu tun hat, dem man vertrauen kann. Die gegenseitige Identifizierung ist in Abbildung 3-1 dargestellt und läuft wie folgt ab:

Der Dienstanbieter weist sich mit einem Berechtigungszertifikat aus, das festlegt, welche Daten er lesen darf (vgl. Kapitel 2.3.2 Anwendungsbereiche, Elektronischer Identitätsausweis). Der Bürger weist sich auf der anderen Seite mit seinem ePA aus und gibt dazu nach dem Auflegen des Ausweises auf ein Kartenlesegerät seine geheime PIN ein. Der Identitätsnachweis des Personalausweisinhabers erfolgt erst nach der Eingabe der PIN durch die Übermittlung ausgewählter Ausweisdaten. Der Bürger kann vor der Übermittlung der Informationen das Auslesen bestimmter Daten explizit verbieten. (vgl. Polster 2009)

3.2.2 Keine Erstellung anbieterübergreifender Nutzerprofile

Um einer anbieterübergreifenden Identifikation eines Ausweisinhabers, entgegenzuwirken, gibt es die Möglichkeit einer Pseudonymisierung. Laut Bundesdatenschutzgesetz bedeutet Pseudonymisierung, dass der Name und andere Identifikationsmerkmale durch ein Kennzeichen ersetzt werden, das den Zweck hat, die Bestimmung des Betroffenen auszuschließen oder wesentlich zu erschweren. (vgl. 2.3.2 Anwendungsbereiche, Pseudonymisierung)

Durch die Berechnung des Pseudonyms aus einem personalausweisindividuellem und geheimen Schlüssel und der Kennung des

Dienstanbieters soll verhindert werden, dass dienstanbieterübergreifende Nutzerprofile erstellt werden können. (vgl. Eckert 2009, S.575 f.)

3.2.3 Beweisbarkeit einzelner Attribute

Dienstanbieter benötigen ein Zertifikat, bevor sie Daten über das Internet von einem ePA abfragen dürfen. Im Rahmen der Vergabe dieser zeitlich befristeten Zertifikate wird überprüft, welche Daten der Dienstanbieter für seine Dienstleistungen benötigt. Nur diese Daten werden ihm über das Zertifikat freigegeben. (vgl. BSI 2010b)

Die Übertragung von Identitätsdaten erfolgt damit genau in dem Umfang, wie sie für den jeweiligen elektronischen Geschäftsprozess benötigt werden. „Basierend auf einem Verfahren, das die einzelnen Informationen in Zertifikate verpackt und diese dann online an den Geschäftspartner übermittelt, kann prozessorientierter Datenschutz durch Datenvermeidung betrieben werden." (vgl. Engel 2006)

3.2.4 Transparenz der Identitäten

Der Bürgerclient ermöglicht als standardisiertes Anwendungssystem für die Nutzung der Funktionen des ePA durch die Bürger die Anzeige der Informationen des Berechtigungszertifikats des Dienstanbieters und der jeweiligen Felder, die der Dienstanbieter auslesen möchte. Der Bürger kann durch Auskreuzen die zu übermittelnden Daten auswählen. Bevor die Daten endgültig übertragen werden, muss er dies durch die Eingabe seiner individuellen PIN bestätigen. (vgl. Openlimit 2009) Damit wird dem Anwender transparent dargestellt, welche seiner Daten er an den Dienstanbieter überträgt. Der Inhaber behält also die Kontrolle, „ob er seine Daten überhaupt für den Geschäftsprozess freigeben will" (Engel 2006). Beim elektronischen Personalausweis ist dies durch einen Mechanismus gelöst, der sicherstellt, dass für jeden Geschäftsprozess, bei dem Daten aus dem elektronischen Personalausweis übertragen werden, die Einwilligung des Inhabers vorliegt. Durch Eingabe seiner individuellen PIN bekundet der Ausweisinhaber seinen Willen, die entsprechenden Daten aus seinem Ausweis freizugeben.

3.2.5 Standardisierung

Der ePA nutzt standardisierte Middleware-Lösungen wie das eCard API Framework und den Bürgerclient zur Kommunikation zwischen den Anwendungen und dem ePA. (vgl. Polster 2009)

Standardisierung durch ecard API Framework

Bei dem ecard API Framework handelt es sich um eine Standardspezifikation für Industrie und Handel und dient der Harmonisierung elektronischer Identitäten. Mit Hilfe des ecard-API-Framework, das eine Reihe plattformunabhängiger Schnittstellen umfasst, soll die Kommunikation zwischen den jeweiligen Anwendungen und den eingesetzten Chipkarten vereinheitlicht werden. Das Ziel des ecard-API-Frameworks ist das Bereitstellen einer einfachen und homogenen Schnittstelle, um in den verschiedenen Anwendungen eine einheitliche Nutzung der unterschiedlichen ecards zu ermöglichen. (vgl. BSI 2010e) Damit ist eine Interoperabilität zwischen der Personalausweisanwendung ePA und anderen Anwendungen wie der elektronischen Gesundheitskarte, ELSTER oder Signatur Karten grundsätzlich möglich.

Standardisierung durch den Bürgerclient

Bei dem Bürgerclient handelt es sich um eine standardisierte Anwendungssoftware für den ePA auf der Seite des Bürgers, um die elektronischen Funktionalitäten des ePA nutzen zu können. Er ermöglicht einen standardisierten Zugriff auf die elektronischen Funktionalitäten des ePA. Mit Hilfe der Software kann über einen Computer und ein Lesegerät auf den Ausweis zugegriffen werden, um sich über das Internet online bei verschiedenen Diensten zu authentifizieren. Außerdem bietet der Bürgerclient Anwendungen eine standardisierte Schnittstelle zur einfachen Integration in bestehende IT-Infrastrukturen. (vgl. Openlimit 2009)

3.2.6 Transparenz der Anwendung

Dabei handelt es sich um eine Aufgabe für Dienstanbieter, transparent darzustellen, was ein Nutzer mit der Eingabe seiner Daten konkret bewirkt. Der Nutzer muss klar erkennen, ob er sich bei einem Onlineshop anmeldet oder ob er gerade einen Vertrag unterzeichnet. Bei diesem Punkt besteht nach Meinung des Verfassers gleichzeitig auch noch Handlungsbedarf für den Gesetzgeber, der einen Rahmen definieren muss, wie ein Dienstanbieter die Auswirkung der Eingabe von Identitätsdaten durch den Anwender transparent machen muss.

3.2.7 Nutzerfreundlichkeit

Mit dem ePA wird eine chipkartenbasierten Lösung verbreitet, die zu den technischen Voraussetzungen gehört, um elektronische Identitätsfunktionen

nutzen zu können. Bezüglich der Nutzerfreundlichkeit bei den Software-
Anwendungen, wie z .B. dem Bürgerclient und bei den Lesegeräten für die epA
gibt es derzeit noch wenig Erfahrungen aus der Praxis. Das Thema muss weiter
verfolgt und bewertet werden, um eventuelle Handlungsbedarfe, die zukünftig
aus Anforderungen der Bürger entstehen, abzuleiten und im Rahmen von
Wartungs-, Pflege- und Weiterentwicklungszyklen die Nutzerfreundlichkeit weiter
zu erhöhen. Das ist eine Voraussetzung dafür, dass Bürger nicht von der
Nutzung elektronischer Funktionen des ePAs Abstand nehmen.

4   Ablauf einer Onlinebestellung mit gegenseitiger Authentifizierung

Im Folgenden wird eine mögliche Anwendung der elektronischen
Ausweisfunktion am Beispiel einer Onlinebestellung mit gegenseitiger
Authentifizierung darstellt. (vgl. BSI 2010d)

4.1 Voraussetzungen

Voraussetzung für die Nutzung des elektronischen Identitätsnachweises bei der
Onlinebestellung auf Kundenseite ist eine aktivierte elektronische
Ausweisfunktion. Sollte der Benutzer diese zu einem früheren Zeitpunkt
deaktiviert haben, kann die Personalausweisbehörde diese wieder frei schalten.
An einem internetfähigen PC muss zudem ein personalausweisfähiges
Kartenlesegerät angeschlossen oder bereits integriert sein. Zudem muss eine
entsprechende Software zur Herstellung einer Verbindung zwischen
Personalausweis und PC installiert und die geheime individuelle PIN bekannt
sein. Der Onlineshop benötigt zudem spezielle Berechtigungszertifikate sowie
Software, mit der der Identitätsnachweis durchgeführt werden kann.

4.2 Ablauf der Bestellung mit gegenseitiger Authentifizierung

Der Inhaber eines elektronischen Ausweises entscheidet sich für den Kauf eines
Produkts bei einem Onlineshop und startet den Onlinebestellprozess bei dem
Anbieter. Um Rechnung und Ware senden zu können, muss der Besteller dem
Onlineshop persönliche Daten wie Name, Vorname und Adresse mitteilen. Im
vorliegenden Beispiel fordert der Onlineshop dafür eine sichere Authentifizierung
des Bestellers. Diese läuft wie folgt ab:

Nach dem Auflegen des elektronischen Personalausweises auf einem Lesegerät
durch den Anwender authentifiziert sich der Online-Händler über sein Zertifikat,
das Angaben zum Anbieter und zur Gültigkeit enthält. Damit wird sichergestellt,
dass Daten nur an berechtigte Anbieter übertragen werden.

Ist das Zertifikat gültig, kann der Nutzer in einem Formular – z. B. im Bürgerclient - festlegen, welche Daten er dem Online-Shop senden möchte. Durch die Eingabe einer nur ihm bekannten PIN bestätigt er die Datenübertragung. Ohne die Eingabe einer PIN erfolgt kein Zugriff auf die Daten durch den Onlineshop.

Die Identitätsdaten des Bestellers werden an den Onlineshop übermittelt. Dieser zeigt auf seiner Webseite in der Regel noch einmal die eingegebenen Bestellpositionen an. Der Besteller kann dabei noch Änderungen vornehmen. Vom Personalausweis übermittelte Daten, die - abhängig vom Dienstanbieter - bereits in der Bestellung vorausgefüllt sind, können dabei nicht geändert werden. Nachdem der Kunde die Bestellung abgeschickt hat, erhält er eine Bestätigung durch den Onlineshop. Damit ist der Prozess Online-Bestellung mit gegenseitiger Authentifizierung abgeschlossen. Der Onlineshop kann die Bestellung direkt weiterbearbeiten.

Durch dieses Verfahren können sich sowohl der Bürger als der Dienstanbieter – in diesem Fall der Onlineshop – auf die Identität des Gegenübers verlassen, denn beide Seiten haben sich verbindlich ausgewiesen. Abbildung 4-1 veranschaulicht den beschriebenen Ablauf noch einmal.

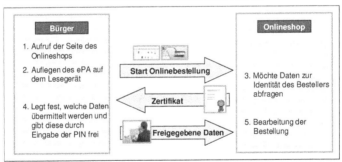

Abb. 4-1 Onlinebestellung mit gegenseitiger Authentifizierung (vgl. BSI 2010d)

5 Grenzen und Potentiale des epA in Verbindung mit IDM

In den Kapiteln 5.1 und 5.2 werden Grenzen und Potentiale des epA für das IDM dargestellt.

5.1 Ausgewählte Grenzen

5.1.1 Datenschutz und Datensicherheit

Im Rahmen des neuen epA besteht die Gefahr des Identitätsdiebstahls. Wer Ausweis und PIN hat, kann über die gesamte Identität des Inhabers verfügen –

und nicht nur über sein Konto, wie das z.B. beim Verlust einer EC-Karte der Fall wäre. Die unkontrollierte Verwendung von Identitätsdaten birgt eine große Gefahr, denn bei der Authentifizierung über das Internet schaut keiner mehr dem Anwender ins Gesicht, so dass Hemmungen zum Missbrauch einer Identität sinken könnten.

Die PIN dient dazu, dass kein Unbefugter den Ausweis einsetzen kann, ohne auch die PIN zu kennen bzw. umgekehrt, dass keiner nur mit der PIN Rechtsgeschäfte im Namen des Ausweisinhabers abschließen kann. Allerdings muss der Ausweisinhaber die erforderlichen Maßnahmen selbst treffen, dass die PIN nur ihm bekannt ist und dass der Ausweis nicht gestohlen werden kann. Die Verantwortung des zukünftigen Ausweisinhabers steigt damit. Außerdem kommt noch ein weiteres Problem dazu: Es ist derzeit nicht klar geregelt, wer haftet, wenn die PIN gestohlen und Missbrauch mit den Daten betrieben wurde. Als Schutz ist derzeit lediglich eine Sperrung des ePA im Falle des Verlustes vorgesehen. (vgl. Zeit Online 2008)

5.1.2 Steuerung der Dienstanbieter problematisch

Bei Dienstanbietern im Bereich eCommerce handelt es sich zum großen Teil um Unternehmen aus der freien Wirtschaft. Diese handeln im eigenen Ermessen und verfolgen eigene Interessen wie Gewinnmaximierung oder höhere Renditen. Es ist anzunehmen, dass die Unternehmen Transparenz auf Ihren Webseiten zur Darstellung, was User durch die Eingabe ihrer Identitätsdaten bewirken, nur soweit unterstützen, wie sich das mit den eigenen Unternehmensinteressen deckt. Definierte Anforderungen seitens des Gesetzgebers sowie Maßnahmen zur Kontrolle und eventueller Sanktionen bei Nichteinhaltung fehlen aktuell noch. Das Erfassen notwendiger Gesetzte ist mühsam und langwierig. Das birgt an dieser Stelle die Gefahr, bei der Geschwindigkeit, mit der sich Prozesse im Internet entwickeln und verändern, mit der Erstellung rechtlicher Rahmenbedingungen „hinterherzuhinken".

5.1.3 Fehlende Akzeptanz in der Bevölkerung

Voraussetzung für die Nutzung der elektronischen Funktionen im Internet sind zunächst einmal ein vor Angriffen sicherer PC, ein installierter Bürgerclient auf dem PC sowie ein sicheres Lesegerät für den Chip des Ausweises. All diese Themen liegen im Verantwortungsbereich des Anwenders. Es droht an dieser Stelle die Gefahr, dass aufgrund der vielen technischen Voraussetzungen Teile

der Bevölkerung die Nutzung der elektronischen Funktionen des epA aus Gründen der technischen Komplexität ablehnen.

Auch das Thema Komplexität bei der Bedienung einer für die Nutzung einer elektronischen Funktion erforderlichen Software, wie z.b. des Bürgerclient, darf nicht unterschätzt werden. Entscheidend für seine breite Akzeptanz in der Bevölkerung ist eine einfache und verständliche Benutzerführung (vgl. Positionspapier Bürgerclient 2009).

Zusätzlich darf neben der Betrachtung des epA als technisches Produkt der Faktor Mensch nicht unterschätzt werden. Viele Bürger haben Angst vor digitalen Medien, können die dahinter ablaufenden Prozesse oft nicht begreifen und damit auch nicht verstehen. Sie befürchten, dass übergeordnete Stellen Daten sammeln und für ihre Zwecke missbrauchen könnten und lehnen deshalb die Nutzung elektronischer Funktionen des epA ab.

5.1.4 Verlust der Anonymität bis hin zum Rausschmiss

Eventuell dient der epA zukünftig dazu, um überhaupt noch ins Internet zu kommen. Damit würde es keine virtuelle Anonymität mehr geben. Jeder Klick könnte personenbezogen ausgewertet werden und zum Beispiel mit wirtschaftlichen Interessen gekoppelt werden. (vgl. Zeit Online 2008)

Ein zweiter wichtiger Aspekt, der dabei nicht unterschätzt werden darf, ist, dass derzeit ein Ausweisinhaber frei entscheiden kann, ob einzelne Identitätsfunktionen an- oder abgeschaltet werden sollen. Staatliche Behörden könnten zukünftig aber auch Funktionen abschalten oder den ganzen Ausweis sperren. Damit würde ein Ausweisinhaber dann von allem ausgeschlossen, das einen epA erfordert. Bisher musste dazu der Ausweis eingezogen werden. Künftig reicht dafür ein Knopfdruck. „Es mag in einer stabilen Demokratie weit hergeholt sein, doch enthält der epA damit durchaus Potenzial, als Instrument der Repression zu dienen." (vgl. Zeit Online 2008)

5.1.5 Ausgrenzung

Die Nutzung der elektronischen Funktionen ist freiwillig. Der Ausweisinhaber kann frei entscheiden, wann und gegenüber welchen Dienstanbietern er den elektronischen Identitätsnachweis nutzen will. Dabei darf aber nicht vergessen werden, dass es vermutlich bald viele Dienste von Internetauktionshäusern, Versandanbietern und Mailprovidern geben wird, die ohne den elektronischen Identitätsnachweis gar nicht mehr genutzt werden können. Wer dann nicht

mitmacht, der kann am virtuellen Leben eventuell nicht mehr teilnehmen. (vgl. Zeit Online 2008)

5.2 Ausgewählte Potentiale

5.2.1 Datenschutz und Datensicherheit

Für den ePA eingesetzte Verfahren zur Datenübertragung, Verschlüsselung der Identitätsdaten auf dem Chip sowie die Zertifikate, die die Abfrage von Identitätsdaten regeln, gelten zunächst einmal grundlegend als sicher. (vgl. Zeit Online 2010b) Der mit dem ePA mögliche Identitätsnachweis erhöht sogar die Sicherheit gegenüber gängigen Methoden der Identifikation für Onlinetransaktionen. Um z.b. rechtsverbindliche Verträge abschließen zu können, muss jemand Ausweis und die PIN besitzen. (vgl. Zeit Online 2010b) Der Bürger bleibt damit Herr über seine Daten. Ohne sein aktives Zutun – gemeint sind hier das Auflegen des Ausweises auf das Lesegerät und die aktive Eingabe seiner PIN – können keine Daten für elektronische Transaktionen ausgelesen werden.

Die Nutzung des elektronischen Identitätsnachweises birgt noch weiteres Potenzial für die Sicherheit von Identitätsdaten: Bei einer digitalen Authentifizierung gegenüber einem Dienstanbieter sind für diesen nicht alle Identitätsdaten sichtbar, sondern nur die über sein Zertifikat freigegebenen. (vgl. Kapitel 3.2.3 Beweisbarkeit der Attribute)

Bei einer herkömmlichen Authentifizierung mit dem Personalausweis wären für denjenigen, der sich einen Ausweis vorzeigen lässt, alle aufgedruckten Identitätsdaten sichtbar. Ein weiteres Plus für die Sicherheit der Identitäten ist der Prozess der wechselseitigen gegenseitigen Authentifizierung. Die Stelle, die Identitätsdaten abfragt, muss sich um ein Berechtigungszertifikat bemühen, das nur der derjenige erhält, der strenge datenschutzrechtliche Auflagen erfüllt. (vgl. Kapitel 3.2.3 Beweisbarkeit der Attribute)

5.2.2 eCommerce und eGovernment

Im Rahmen von eCommerce bietet der ePA mit standardisierten elektronischen Authentifizierungsverfahren Potential für neue Geschäftsfelder und die weltweise Akquise neuer Kunde. (vgl. Zeit Online 2008)

Im Rahmen von eGovernment wird der Geschäftsverkehr für den Bürger einfacher. Anträge könnten direkt über das Internet geschlossen werden. Die Kommunikation mit den Behörden würde vereinfacht. (vgl. Zeit Online 2008)

5.2.3 Fälschungssicherheit und Terrorabwehr

Die auf dem Chip hinterlegten biometrischen Daten können maschinell überprüft werden, so das eine eindeutige Zuordnung zwischen Ausweisinhaber und Ausweis möglich wird. Missbrauch von Identitätsdaten wird dadurch entgegengewirkt. (vgl. Engel 2006) Bisher haben Beamte das Bild mit der Person direkt abgeglichen. Personalausweise konnten gezielt gestohlen und ähnlich aussehenden Personen zur Verfügung gestellt werden, um damit eine andere Identität vorzutäuschen. (vgl. BSI 2010c) „Die Überprüfung biometrischer Merkmale in Ausweispapieren wird künftig zu mehr Sicherheit im Reiseverkehr führen und stellt somit einen Baustein zur Bekämpfung des internationalen Terrorismus dar." (Engel 2006)

5.2.4 Kinder- und Jugendschutz

Durch die Abfrage, ob ein Ausweisinhaber ein bestimmtes Alter schon erreicht hat, wird sichergestellt, dass Kinder und Jugendliche nur Internetseiten besuchen oder nur die Filme in einer Onlinevideothek ausleihen können, die auch für ihr Alter freigegeben sind. Wird der Nachweis nicht erbracht, werden die Seiten nicht angezeigt bzw. können die Filme nicht ausgeliehen werden. (vgl. Schmeh 2009, S. 143)

6 Schlussbetrachtung

Der ePA in Verbindung mit IDM ist ein vielseitiges Thema mit zahlreichen Befindlichkeiten. Die vorliegende Arbeit hat ausgewählte Auswirkungen des ePA, einer künftig weit verbreiteten eID-Lösung, auf das IDM aufgezeigt. Dazu wurden im Kapitel 2 wesentliche Begriffe definiert. Kapitel 3 hat im Anschluss daran Anforderungen an ePAs in Verbindung mit IDM sowie dazu ausgewählte Lösungsansätze vorgestellt, um im Kapitel 4 am Beispiel einer Onlinebestellung mit gegenseitiger Authentifizierung das Thema praktisch zu untermauern. Kapitel 5 hat das Thema durch die Darstellung von Grenzen und Potentialen des ePA in Verbindung mit IDM abgerundet.

Mit der Einführung des ePA erwartet die deutschen Bürger eine Neuerung mit derzeit noch nicht abschätzbarer Tragweite. Es kommen neue elektronische Sicherheitsmerkmale durch die Verwendung biometrischer Merkmale bei der Authentifizierung auf den Markt. Diese werden helfen, um die Echtheit und die Zugehörigkeit des Trägers des Ausweisdokuments zum Eigentümer besser feststellen zu können. Elektronische Zusatzfunktionen ermöglichen zudem die

Abwicklung von Identitätsprüfungen als Basis für eCommerce und eGovernment-Dienste.

Gleichzeitig entstehen durch die neue multifunktionale Identitätskarte jedoch auch neue Gefahren für die Bürger. Zwar können Identitätstaten über das Internet nur verwendet werden, wenn jemand im Besitz von Ausweis und PIN ist. Sollte dieser Identitätsdiebstahl jedoch – vom eigentlichen Ausweisinhaber unbemerkt eintreten – kann großer Schaden entstehen. Mit einer gestohlenen Identität lassen sich z.b. rechtsgültige Verträge über das Internet abschließen. Im Moment ist gesetzlich nicht genau geregelt, wer in einem solchen Fall haftet. Bürger sollten sich solcher Risiken bewusst werden und sorgsam mit ihrem ePA umgehen und die PIN sicher verwahren, sich aber durch negative Berichterstattung nicht hemmen lassen, am technischen Fortschritt teilzunehmen. Viele Geschäfte des täglichen Lebens haben sich bereits ins Internet verlagert. Andere werden folgen. Demgegenüber kann man sich inzwischen so gut wie nicht mehr verschließen und sollte dies nach Auffassung des Verfassers auch nicht tun.

Das neue Identitätsdokument muss sich jedoch erst die Akzeptanz und das Vertrauen der meisten Bürger „verdienen" und sich im Einsatz bewähren. Dabei darf der Faktor Mensch nicht unterschätzt werden. Das Vertrauen der Bürger entsteht nicht nur durch sehr gut umgesetzte technische Lösungen sondern hängt auch von der Implementierung einfacher Prozesse bei der digitalen Authentifizierung sowie einem Staat, der zügig rechtliche Grundlagen schafft, und damit seinen Bürgern ein Stück Sicherheit im Umgang mit digitalen Medien gibt, ab. Gerade letzteres scheint im Moment eher langwierig und hinter den aktuellen Gegebenheiten „hinterherhinkend" zu sein, was sich negativ auf die Akzeptanz digitaler Techniken durch die Bevölkerung auswirkt.

Der ePA wird durch die Ausweispflicht eine hohe Verbreitung erlangen. Heute kann noch keine Aussage darüber getroffen werden, ob sich neben seiner Nutzung als reines Identifikationsdokument elektronische Funktionen in der Masse der deutschen Bevölkerung durchsetzen werden, um Potentiale, die sich dadurch z.B. in den Bereichen eCommerce und eGovernment ergeben, nutzen zu können. Ein strukturierter rechtlicher Rahmen, transparente Webseitenauftritte der Dienstanbieter sowie einfache Prozesse für die Anwendung von elektronischer Signatur und Authentifizierung könnten nach Meinung des Autors aber wesentlich dazu beitragen.

Literaturverzeichnis

Becker et al.   Becker, J., Algermissen, L., Niehves, B.:

Prozessmodellierung als Grundlage des E-Government –

Ein Vorgehensmodell zur prozessorientierten

Organisationsgestaltung am Beispiel des kommunalen

Baugenehmigungsverfahrens. In: Schoop, E.

Wirtschaftsinformatik 2003: Medien - Märkte - Mobilität,

Heidelberg, 2003.

BMI 2009a   Bundesministerium des Innern: Kabinett beschließt neuen

Personalausweis mit Internetfunktion.

http://www.bmi.bund.de/cln_104/SharedDocs/

Pressemitteilungen/DE/2008/07/e_personalausweis.html

?nn=294838, 2008-07-23, Abruf am 2010-10-17.

BSI 2010a   https://www.bsi-fuer-buerger.de/

cln_164/BSIFB/DE/Themen/Personalausweis/Funktionen/

Funktionen_node.html, o.D., Abruf am 2010-10-17.

BSI 2010b   https://www.bsi-fuer-buerger.de/cln_164/BSIFB/DE/

Themen/Personalausweis/FAQ/FAQ_node.html,

o.D., Abruf am 2010-10-17.

BSI 2010c   https://www.bsi.bund.de/cln_156/DE/Themen/

ElektronischeAusweise/Personalausweis/

personalausweis_node.html#doc614216bodyText1,

o.D., Abruf am 2010-10-17.

BSI 2010d   https://www.bsi-fuer-buerger.de/cln_137/

ContentBSIFB/Themen/Personalausweis/Funktionen/

ausweisfunktion.html, o.D., Abruf am 2010-10-20.

BSI 2010e   https://www.bsi.bund.de/cln_136/ContentBSI/Publikationen/

TechnischeRichtlinien/tr03112/index_htm.html,

o.D., Abruf am 2010-10-25.

BSI 2010f   https://www.bsi.bund.de/cln_183/DE/Themen/
ElektronischeAusweise/Biometrie/Finger/Finger_node.html,
Biometrie in elektronischen Ausweisen, o.D., Abruf am
2010-11-02.

Bundesdaten-   Bundesministerium der Justiz:
Schutzgesetz   http://www.gesetze-im-internet.de/bdsg_1990/, o.D.,
Abruf am 2010-10-26.

Eckert 2009   Eckert, C.: IT Sicherheit: Konzepte – Verfahren –
Protokolle,   München 2009.

Engel 2006   Engel, C.: Auf dem Weg zum elektronischen
Personalausweis – Der elektronische Personalausweis
(ePA) als universelles Identifikationsdokument. In:
Datenschutz und Datensicherheit (2006) 4, S.207-210.

Fraunhofer 2009   Fraunhofer Institut: http://www.reference-global.com/doi/
pdfplusdirect/10.1515/piko.2009.0014, 2009, Abruf am
2010-10-28.

ITAS 2003   Institut für Technologiefolgenabschätzung und
Systemanalyse ITAS: E-Commerce in Deutschland – Eine
kritische Bestandsaufnahme zum elektronischen Handel.
http://www.itas.fzk.de/deu/lit/2003/ riua03a_
zusammenfassung.htm, 2003, Abruf am 2010-10-18.

Meints et al.   Meints,M.; Hansen, M.: Identitätsdokumente: eIDs und et
2006   maschinenlesbare Ausweise. In Datenschutz
und Datensicherheit (2006) S. 560-564.

Openlimit 2009   http://www.openlimit.com/de/ueber-
openlimit/presse/news/2009/buerger-client.html,
2009, Abruf am 2010-10-25.

PersAuswG 2009	Bundestag: Gesetz über Personalausweise und den elektronischen Identitätsnachweis. In: Bundesgesetzblatt 60 (2009) Teil I 33, S. 1346-1359.
Polster 2009	Polster,A., Bundesministerium des Inneren: Der elektronische Personalausweis – Chance für E-Government und E-Business, (2009), eGovernment Academy.
Positionspapier Bürgerclient 2009	Bundesverband Informationswirtschaft, Telekommunikation und neue Medien e.V.: Positionspapier - Empfehlungen der ITK-Wirtschaft zur Einführung des elektronischen Personalausweises, 2009.
Schmeh 2009	Schmeh, K.: Elektronische Ausweisdokumente: Grundlagen und Praxisbeispiele, München 2009.
SigG 2009	Bundesministerium der Justiz: Gesetz über Rahmenbedingungen für elektronische Signaturen (Signaturgesetz – SigG). http://bundesrecht.juris.de/ bundesrecht/sigg_2001/gesamt.pdf, 2009-07-17, Abruf am 2010-10-03.
Sorge et al. 2008	Sorge, C; Westhoff, D.: eIDs und Identitätsmanagement. In: Datenschutz und Datensicherheit (2008) 5, S. 337-341.
Spiegel Online 2010:	http://www.spiegel.de/netzwelt/ netzpolitik/0,1518,723276-2,00.html, 2010-10-27, Abruf am 03.11.2010.
Zeit Online 2008	http://www.zeit.de/digital/datenschutz, Digitaler Ausweis – Das Ende der Anonymität, 2008, Abruf am 2010-10-28.

Zeit Online 2010a   http://www.zeit.de/2010/44/Elektronischer-
                     Personalausweis-Pro-Contra, Ist der neue Ausweis sicher?,
                     2010, Abruf am 2010-11-02.

Zeit Online 2010b   http://www.zeit.de/digital/datenschutz/2010-08/
                     elektronischer-personalausweis-uebertriebene-
                     sorge?page=all, Elektronischer Ausweis – Gefahren des
                     Personalausweis werden überschätzt,
                     2010, Abruf am 2010-10-28.